LES IDÉES

DE

JEAN-FRANÇOIS

57

LES IDÉES

DE

JEAN-FRANÇOIS

III

LA SOUTANE DE L'ABBÉ JUNQUA

Par JEAN MACÉ

~~~~~~

PARIS

EMMANUEL VAUCHEZ, ÉDITEUR

175, rue St-Honoré, 175

—

1872

La
Soutane de l'abbé Junqua

~~~~~~~~~

I

Une grosse question, très-grosse, est en ce moment sur le tapis.

L'abbé Junqua gardera-t-il

sa soutane? Sera-t-il forcé de l'ôter?

J'ai l'air de plaisanter; je ne plaisante pas du tout. Regardons, s'il vous plaît, ce qu'il y a derrière cette soutane, et permettez-moi quelques mots d'explication préalable pour ceux qui ne sont pas au fait.

Vous savez que, depuis 1870, le pape est définitivement infaillible. Il l'était auparavant, cela va sans dire; il l'a même toujours été, lui et tous les autres papes depuis saint Pierre, en admettant, ce qui n'est pas encore bien prouvé, que saint Pierre ait été pape à Rome ; car comment supposer que cette faculté miraculeuse soit devenue, à un moment donné, l'apanage improvisé de la papauté. Elle faisait donc, au fond, partie essentielle de l'institution, et depuis longtemps, à vrai dire, on ne la mettait plus en question dans le commun des fidèles. Mais, jusqu'à présent, l'opinion contraire se soutenait entre théologiens, ou plutôt certains ergoteurs, a l'esprit mal fait, dont Bossuet entre autres, affirmaient que, pour être infaillible, il fallait au pape le concours et l'assentiment d'un concile universel. Faute d'une sanction en règle, nul n'était en droit strict de damner les opposants. C'était gênant pour les amis de l'infaillibilité personnelle du pape, et ils ont, de guerre lasse, pris le parti d'en finir en se faisant donner solennellement raison dans un concile universel (1), convoqué à Rome par le pape. Les autres étaient pris, semblait-il, trahis par la combinaison même sur laquelle ils s'étaient rabattus. Mais quoi ! il y a des obstinés dont rien ne saurait triompher ! Les champions du concile n'ont pu se résigner tous à

(1) Un concile œcuménique, pour lui donner son nom réglementaire, son nom grec. C'est un souvenir des premiers temps de l'Église chrétienne, alors qu'elle était presque entièrement grecque et que ses grandes assises générales se tenaient dans les villes grecques, à Nicée, Chalcédoine, Éphèse, Constantinople.

baisser pavillon, même vis-à-vis de lui, et la querelle dure encore. Jamais théologien s'est-il vu à court d'arguments, n'ayant pas envie de céder?

Tout le monde ne se rend peut-être pas suffisamment compte du sens de ce grand mot : infaillibilité. Un pape infaillible, c'est tout simplement un Dieu en chair et en os, devant qui tout doit se prosterner sur la terre. Quoi qu'il décide, tous doivent se taire aussitôt qu'il a parlé, puisque sa parole est la vérité absolue, la parole divine autant dire. L'évidence même a tort et le cri de la conscience n'est plus qu'une suggestion de Satan, alors qu'il y a contradiction entre la raison, la conscience humaine et les ordres venus du Vatican. Je conçois sans peine qu'il doive en coûter de subir une pareille doctrine quand on s'est mis une fois à la discuter et que, même forcé dans ses derniers retranchements, on se refuse à capituler : l'entêtement le plus absurde est tout excusé dans un cas de ce genre-là.

Or, l'abbé Junqua est un de ces entêtés qui ne veulent pas se rendre. Pape et concile ont beau venir ensemble lui déclarer *infailliblement* qu'il est dans le faux, il continue de soutenir mordicus que le pape sans le concile n'est pas infaillible, d'où il résulte, en somme, qu'il ne le sera jamais, puisque, quand il a le concile avec lui, cela ne compte pas. C'est déplorable comme raisonnement; mais qu'y pouvons-nous faire?

L'archevêque de Bordeaux, le supérieur ecclésiastique de l'abbé Junqua, a pris moins pacifiquement ce manque de logique, ou, pour mieux dire, d'obéissance, car ce n'est pas de raisonner, mais d'obéir, qu'il s'agit dans les régiments dont Nosseigneurs les évêques sont les colonels. Le pasteur des âmes de la Gironde s'est fâché tout rouge contre sa brebis récalci-

trante, qui a tenu bon. Rupture ouverte, scandale. En
fin de compte, mise hors la
loi du rebelle, qu'on chasse
du troupeau sacerdotal, avec
défense de porter sa soutane,
cette fameuse soutane sur
laquelle la France a les yeux
pour le quart d'heure.

Jusque là, rien à dire.
L'archevêque a maille à par-
tir avec son prêtre, qui s'obs-
tine dans une idée à lui :
bonne ou mauvaise, peu
importe, c'est défendu. Il
chasse du bercail la brebis

galeuse et lui ôte la marque
à laquelle elle se faisait reconnaître : il est sur son
terrain, dans son droit ecclésiastique, le droit d'aujour-
d'hui, je le veux bien; mais
les droits de convention ont
tous commencé. C'est que-
relle de ménage, dont nous
n'avons pas à nous occuper,
pour peu que nous respec-
tions la liberté des cultes.

Mais voici le délicat de
l'affaire, et par où elle nous
intéresse tous !

Un audacieux comme l'abbé

Junqua, qui tient tête au
pape, flanqué du concile,
était bien capable de faire fi
des ordres de son archevêque
et de promener dans les rues
de Bordeaux, à son nez et à
sa barbe, la soutane inter-
dite.

A quel saint avoir recours
contre ce maudit, d'un si
dangereux exemple?

On le trouva bientôt : ce
fut le commissaire de police
du quartier.

Il y a quelque part, dans
la collection de nos innom

brables lois, un article, à l'adresse, j'imagine, des chevaliers d'industrie, interdisant à quiconque le port d'un habit « qui ne lui appartient pas », et en vertu duquel je me mettrais sur le chemin de la police correctionnelle si, pour des raisons à moi connues, j'allais m'habiller, moi, simple particulier, en prêtre ou en soldat, autrement dit endosser un costume destiné à tromper les gens sur ma position sociale.

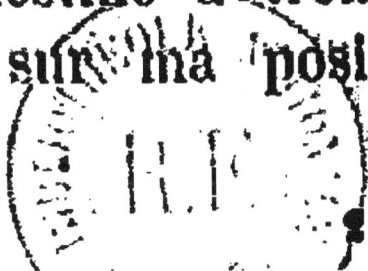

C'est au nom de l'article en question que le commissaire de police bordelais a été mis en réquisition par Monseigneur pour aller notifier au mécréant, parlant à sa personne, l'interdiction épiscopale, comme entraînant la perte de son droit civil au port de la soutane. Afin qu'il n'en ignorât, l'obligeant représentant de l'autorité temporelle a pris la peine d'aviser le personnage recommandé à ses bons soins qu'il y allait pour lui de la prison s'il ne tenait pas compte de la sommation.

Résistance indignée de notre abbé Junqua, qui envoie promener le commissaire de police et sa sommation. Il soutient comme un beau diable qu'il était prêtre quand il a commandé et payé la dite soutane à son tailleur, qu'il l'est encore, et que de toute façon c'est un habit qui lui appartient. A vous parler franc, ce raisonnement-là me paraît meilleur que celui sur l'alliance obligatoire du pape et du concile; mais je n'aurais garde de m'en rapporter ici à mon faible jugement. Il y a maintenant ce qu'on appelle au palais chose jugée, c'est-à-dire que le pauvre abbé a comparu; toujours boutonné dans sa soutane, devant le tribunal de Bordeaux, lequel lui a fait savoir qu'il raisonnait mal, en le condamnant à six mois de prison.

Or, vous saurez que nous avons aussi, nous autres, une

infaillibilité à subir, qui n'est guère moins despotique que celle du pape, l'infaillibilité de la chose jugée. Je ne sais plus quel roi des anciens Perses faisait écorcher les mauvais juges et asseyait leurs successeurs sur des siéges recouverts de la peau des coupables, avertissement muet qui n'était certes pas sans éloquence. Les Américains ne vont pas si loin, mais ils peuvent se donner le plaisir de traîner leurs juges en justice quand ils ne

sont pas contents d'eux, et
de les faire bel et bien con-
damner pour avoir mal jugé,
s'il y a lieu. Il ne va pas
ainsi chez nous, où il est
convenu que messieurs nos
juges ont toujours raison,
même quand ils ont positive-
ment tort, à telles enseignes
qu'un prétendu assassin (1),

(1) C'est le fameux Lesurques, exécuté sous
o premier empire comme coupable d'un
assassinat dont l'auteur véritable, retrouvé
ensuite, fut exécuté à son tour. Il était bien
impossible de mieux confesser l'erreur mani-
feste du premier jugement : cela n'a pas
suffi. Les frais du procès, mis à la charge de
l'infortuné, avaient ruiné sa famille. On n'a
même pas voulu rendre l'argent.

reconnu innocent depuis, ayant été guillotiné, par arrêt de justice, au commencement de ce siècle-ci, sa famille n'a pas encore réussi à le faire réhabiliter légalement : le respect quand même dû à la chose jugée ne le permet pas. Vous concevez bien qu'après cela je n'irai pas chercher chicane aux juges de l'abbé Junqua sur leur façon d'interpréter la loi. Il pourrait m'en cuire, sans utilité pour personne, et je ne sais pas, au surplus, pourquoi je perds mon temps à lever ce lièvre compromettant, ayant à parler d'autre chose. La faute en est, je crois bien, à cette malheureuse infaillibilité qui était en cause : le rapprochement se sera fait tout seul dans mon esprit.

Revenons à notre soutane.

Les commissaires de police sont-ils faits pour notifier à un prêtre en rupture de ban les injonctions de son archevêque, avec menaces à l'appui, suivies d'effet ?

« Voilà ce qu'il y a derrière cette soutane, et certainement l'affaire est grave.

C'est la fameuse question du bras séculier invoqué de tout temps par l'Église contre les hérétiques, ou mieux contre les désobéissants.

On la croyait résolue depuis 89. Il paraît qu'elle ne l'est pas, et la situation va devenir inquiétante pour les désobéissants — qui s'avise aujourd'hui d'être hérétique? — si le bras séculier se remet à frapper sur eux, comme au bon vieux temps.

Il y en a un peu partout, savez-vous bien? de ces désobéissants. Les « enfants d'obéissance », comme on s'intitule dans les bureaux de l'*Univers*, à savoir les disciples francs du *Syllabus*, ne font même qu'un tout petit bataillon, réduit à tirer, pour rester pur, au moins autant sur ceux qui voudraient être des amis, sans y parvenir tout à fait, que sur les ennemis déclarés.

Si les commissaires de police s'en mêlent, nous voilà exposés à en voir de belles!

Tenez! nous avons déjà une loi sur l'observation du dimanche, un cadeau de la Restauration, qu'elle nous a laissé en souvenir d'elle, car les lois ont cela de bon chez nous, qu'elles sont inamovibles, comme les magistrats. Nos gouvernements s'en vont, mais leurs lois restent. C'est une marchandise dont on ne se défait jamais, et nous gardons précieusement en magasin tout ce qu'on nous en a fabriqué depuis Robespierre et même avant. Il y en a pour tous les goûts; on peut choisir, et c'est commode au possible pour les heureux mortels chargés de faire exécuter la loi.

Je vous disais donc que nous avons déjà, dans le choix à faire, une loi sur l'observation du dimanche. Je me souviens en ce moment d'un tribunal, plus pieux que les autres apparemment; — c'était dans l'Ouest, — qui a eu l'heureuse idée de la faire exécuter, il n'y a pas bien longtemps, et l'exécution a eu lieu, ma foi, le plus tranquillement du monde. Le délinquant, mis à l'amende, s'en est allé sans demander son reste. La mode s'y mettrait, je ne vois pas trop comment nous pourrions nous y prendre, les uns et les autres, pour faire autrement que lui : le bras séculier n'est pas facile à détourner quand il travaille au service de notre sainte mère l'Église. Je ne voudrais même pas garantir à ceux qui ont la vilaine habitude de jurer qu'ils ne finiraient pas par tomber, la piété revenant, sous le coup de l'ordonnance de saint Louis, aux termes de laquelle le blasphémateur doit avoir la langue percée d'un fer rouge. Les ordonnances de saint Louis n'ont été abrogées par rien que je sache ! Si, aux richesses sans nombre que nous possédons dans

notre magasin de lois, l'épis-
copat vient ajouter, de son
chef, ses ordonnances, à lui,
à faire exécuter par la force
publique, nos commissaires
de police ne sauront bientôt
plus auquel entendre. Au-
jourd'hui, c'est la soutane de
l'abbé Junqua; demain, ce
sera tout ce que vous vou-
drez : le champ de la déso-
béissance est si vaste. Je le
répète, c'est inquiétant.

Mais, allez-vous me dire,
pourquoi donc cet abbé
Junqua s'acharne-t-il ainsi à

garder sa soutane envers et contre tous? Comme vêtement ce n'est ni beau ni commode, et, sauf le désir bien naturel d'user le drap qu'on a payé, le port d'une soutane a-t-il réellement tant de charme, qu'on aille pour lui au-devant de six mois de prison?

Et quelle importance si grande, vous dirai-je à mon tour, son archevêque attache-t-il donc à voir disparaître cette soutane, qu'il mette les commissaires de police en campagne a son occasion, au risque de soulever des montagnes de réclamations. N'eût-il pas été plus sage, pour ne pas faire appel à la charité chrétienne, de la laisser en paix sur le dos qui avait pris l'habitude de la hotter? Elle n'y faisait de mal à personne.

Il faut croire pourtant qu'abbé et archevêque ont là l'un et l'autre un intérêt sérieux, puisqu'ils y mettent le même acharnement tous les deux. Examinons l'affaire de plus près.

II

Un homme d'esprit disait
dernièrement :

— Les prêtres en révolte
n'auront pour aller à leur
messe que ceux qui ne vont
pas à la messe.

Ce en quoi il avait parfai-
tement tort, comme il arrive

assez souvent aux hommes d'esprit qui font des mots.

Voici un autre mot qui a été dit devant moi, sans malice aucune.

C'était une jolie petite paysanne, pas dévote du tout, et respectueuse tout juste pour son curé, qui s'était enrhumée le dimanche sur le pavé froid de l'église. On lui demandait pourquoi elle allait à la messe.

— Ah bien! dit-elle, et quand donc mettrait-on son bonnet du dimanche?

On peut croire que l'interdiction de l'archevêque de
Bordeaux, sans commissaire
de police, bien entendu,
n'aurait pas empêché celle-là
d'aller à la messe de l'abbé
Junqua si elle l'avait eu
pour curé. Jamais rubans de
bonnets ont-ils été roussis
par les foudres spirituelles?

On s'abuserait étrange-
ment à se figurer que tous
ceux qui vont à la messe
sont de vrais « enfants d'o-
béissance », et la bonne
preuve du contraire, c'est

que tous ceux-là même qui
la disent ne le sont pas. A la
campagne surtout, où se
trouve en somme la grande
armée de l'Église, la messe
n'est pas seulement, il s'en
faut, une cérémonie reli-
gieuse, et ce n'est pas précisément un acte de foi, parti
des profondeurs de l'âme,
qu'on fait la plupart du temps
en y allant, dans les pays où
le gros de la population continue d'y aller. La messe du
dimanche, la seule qui voie
venir la foule, est un peu

l'assemblée populaire du lieu ; c'est une des rares occasions qui soient données aux gens de se voir tous ensemble et de se parler. Elle a, dans l'attraction qu'elle exerce, quelque chose de commun avec la danse et le jour de foire : les filles sont bien aisés d'y montrer leurs bonnets ; les hommes savent qu'ils pourront y causer de leurs affaires, à l'entrée et à la sortie. Ajoutez à cela la toute-puissance de la coutume, cette véritable religion du village, et dites-moi s'il y aura beaucoup de paysans allant à la messe, qui cesseront d'y aller, la gendarmerie ne se mettant pas en travers, tant qu'ils y seront appelés par la même cloche, et qu'elle sera dite sur le même autel, par le même homme, vêtu des mêmes habits. Qu'il y ait bisbille entre lui et son évêque, qu'importe aussi bien à la fillette endimanchée qu'au bonhomme grisonnant, en quête d'acheteur ou de vendeur?

Le curé peut donc être tranquille de ce côté-là. Interdit ou non, sa messe aura la même valeur à peu près partout pour ses paroissiens, tant que le gouvernement n'y mettra pas opposition, et le coup d'œil du cérémonial restant le même, ce qu'il baptisera, enterrera, mariera, sera presque toujours pour eux, bien baptisé, enterré, marié.

Si la soutane n'en était pas, par exemple, je ne voudrais répondre de rien. L'habit ne fait pas le moine; mais ôtez au moine son froc et son capuchon, et envoyez-le quêter pour son couvent : il lui sera bien difficile de se faire prendre au sérieux.

Le droit pour un prêtre de porter la soutane, au mépris des défenses de l'évêque, c'est donc le droit de rester prêtre aux yeux du peuple malgré l'évêque, et de se maintenir, sans sa permission, dans l'exercice de ses fonctions sacerdotales. Les

juges de Bordeaux ne l'ont
pas entendu autrement, et
les six mois de prison de
l'abbé Junqua signifient qu'il
a perdu sa qualité de prêtre,
quoi qu'il en ait. C'est ainsi
qu'il se trouve avoir porté
un habit ne lui appartenant
pas, et qu'en dépit de toutes
ses indignations, il tombe,
de par sa soutane, dans
la catégorie des chevaliers
d'industrie !

Je sais bien que s'il lui
prenait fantaisie, après avoir
fait, à titre de faux prêtre, ses

six mois de prison, de con-
duire une femme à la mairie
de Bordeaux pour lui être
uni en légitime mariage, le
maire de Bordeaux pourrait
très-bien le mettre à la porte,
à titre de prêtre authentique,
un titre indélébile devant les
registres de l'état civil, qui le
met hors du mariage sans
rémission ni recours pos-
sible.

J'ignore, à vrai dire, si dans
le tas de nos lois il s'en est
glissé une qui le veuille ainsi ;
mais on est bien forcé de le

supposer, puisque le fait s'est déjà produit.

Cloué malgré lui à la prêtrise dans ce cas-là, dépouillé de la prêtrise également malgré lui dans l'autre, la position est bizarre, on en conviendra, pour le malheureux réfractaire, et le corps épiscopal ne s'en plaint pas autrement. On ne saurait faire la vie trop dure à ses prêtres, quand ils ont l'audace de lui désobéir.

« C'est l'Église, est-il dit

« dans *l'Univers* du 26 avril (1)
« de cette année, qui est
« établie par Dieu juge de la
« morale et de la justice. »

Cette justice d'institution
spéciale décrit parfois des
zigzags avec lesquels les
consciences vulgaires comme
les nôtres, ont bien de la
peine à se familiariser. Vous
allez en juger.

L'intervention des commissaires de Bordeaux et les six

(1) Première page, quatrième colonne, cen-
tième ligne, sous la signature *Auguste
Roussel.* On peut vérifier,

mois de prison de l'abbé Junqua ont une raison d'être qui s'appelle le Concordat, un vieux contrat passé chez nous en 1802 entre l'Église e l'État et aux termes duquel, *parait-il*, c'est aux évêques à décider qui est prêtre et qui ne l'est pas, sans que personne y puisse rien.

J'ai dit : *parait-il*, car à quoi bon, selon moi, s'inquiéter maintenant des termes de ce contrat et de leur valeur réelle. L'Église l'a déchiré fièrement, de son

plein gré, en toute con-
naissance de cause. L'épis-
copat fait au grand jour ce
qu'il défend et s'en vante à
qui veut l'entendre : le gouvernement laisse faire et dire
sans bouger. Partant, la chose
est bien convenue, n'est-ce
pas? il n'y a plus de Concordat. On aurait pu désirer peut-
être des funérailles un peu
moins sans façon à ce pauvre
Concordat, qui ne méritait
guère mieux, entre nous;
mais enfin le voilà bien et
dûment enterré! Il y a entre

les parties contractantes re-
nonciation expresse d'un
côté, consentement tacite de
l'autre : il est clair que le
contrat est annulé et ne peut
plus servir.

C'est là mon avis, et le vô-
tre aussi probablement. Qui
pourrait en avoir un autre?

Eh bien! c'est ce qui nous
trompe. Nous oublions les
priviléges tout particuliers
dont jouit l'Eglise, en sa qualité de juge de la morale et
de la justice.

Le contrat est déchiré;

mais les morceaux en sont bons, celui du moins dont on profite. Celui-là demeure une loi ; l'autre ne l'est plus. Obéir à ce qui gêne dans la loi, fi donc ! Il vaut mieux obéir à Dieu qu'aux hommes. Réclamer impérieusement l'exécution de la loi dans ce qu'elle a d'agréable, à la bonne heure ! Il ferait beau voir les agents de l'autorité ne pas prêter main forte à la loi. Ainsi le veut la justice comme on l'entend à Rome.

Est-ce ainsi qu'on l'entendra en dernier ressort à Paris, cela me paraît difficile à croire. C'est dans les grammaires qu'il n'y a pas de règles sans exceptions. En justice comme en science, il suffit d'une exception pour tuer la règle, et la notion la plus élémentaire du droit suffit à faire comprendre que si l'évêque peut mettre impunément le pied sur le Concordat, le prêtre le peut aussi.

Qu'il soit absurde, ce Concordat, inique, entaché de

fraude, irréligieux ; que ce soit l'œuvre d'un despote, ne , voyant dans la religion qu'un instrument de domination : je ne dis pas non, et bien au contraire. Mais alors laissons-le là, et qu'il n'en soit plus question.

Une loi qui n'est plus obéie qu'à moitié perd tout droit à l'obéissance, et celle-ci se trouve exactement dans le cas d'une loi militaire dont on ne voudrait plus tenir compte dans les états-majors. Je vous laisse à juger ce qu'en penserait l'armée.

En attendant, l'abbé Junqua a emporté sa soutane en Belgique, où elle lui rend le service qu'elle ne peut plus lui rendre en France. Elle le met en mesure de continuer son métier de prêtre, d'officier comme bon lui semble dans les chapelles qui veulent bien s'ouvrir pour lui, et de prêcher les doctrines dont il s'est fait le champion. S'il raisonne de travers, c'est affaire à son auditoire de le planter là ; les commissaires de police ne s'en occupent pas.

Il n'y a pas de religion d'État en Belgique, comme chez nous ; mais il n'y a pas non plus de Concordat, et c'est un avantage inappréciable que les Belges ont sur nous. Rien chez eux ne force le gouvernement à prendre fait et cause pour les autorités ecclésiastiques dans les querelles de doctrines qui peuvent surgir au sein de leur église ; rien par conséquent ne les fait sortir de la logique de leur principe, telle que l'exposent si nettement les lignes suivantes :

« Si l'État avait une reli-
« gion, il serait tenu d'admet-
« tre et de reconnaître tous
« les dogmes; mais puisqu'il
« n'en a aucune, il ne sait
« pas, il ne peut pas savoir
« quels sont les dogmes
« vrais, quels sont les dog-
« mes faux, il ne lui appar-
« tient pas d'en connaître :
« son seul devoir est d'assu-
« rer à toutes les religions

« établies dans le pays sou-
« mis à son pouvoir, la plei-
« ne liberté d'enseigner et de
« prêcher leurs croyances. »

C'est *l'Univers* qui dit cela,
juste sur la même page où
l'Église est proclamée arbitre
sans appel de la morale et de
la justice. Nous ne deman-
dons pas autre chose, et l'a-
bolition, désormais inévi-
table, du Concordat, aura
précisément pour résultat
d'assurer à l'une des re-
ligions « établies dans le
pays » la pleine liberté d'en-

seigner et de prêcher ses croyances, une liberté qu'elle n'a plus, ni pleine, ni même restreinte. Je veux parler du vrai catholicisme français.

L'imprudent qui s'est laissé aller à cette aventureuse déclaration de principes n'a pas fait attention que la religion du *Syllabus* n'a jamais été ce qui peut s'appeler établie dans ce pays, et qu'elle compte parmi celles que l'Etat n'a pas reconnues jusqu'à présent. De l'abbé Junqua et de

son archevêque, c'est le premier, sachez-le bien, qui est
le représentant réel des doctrines reconnues ici depuis
l'établissement du christia-
nisme dans la Gaule, des
vieilles doctrines gallicanes,
notre catholicisme légal, si je
puis m'exprimer ainsi. Quant
au catholicisme illégal de la
société de Jésus, qui vient aujourd'hui se dire le maître, il
a beau remonter dans l'his-
toire jusqu'à Grégoire VII, un
disciple bien irrégulier de
Jésus-Christ, par parenthèse,

il a beau avoir tout envahi, en se retranchant derrière les persécutions brutales qu'autorise le Concordat, il n'en reste pas moins un nouveau venu chez nous, un usurpateur sans titre valable, qui ne peut, après tout, revendiquer légitimement sa place au soleil qu'au nom du principe de la liberté religieuse dont il est l'ennemi acharné, du droit imprescriptible de la conscience humaine qu'il a en horreur.

La conclusion de tout ceci,

c'est que l'œuvre du grand homme de 1802 a fait son temps. L'État ne peut plus vivre sur le Concordat. Il est mis par lui dans la plus fausse des positions vis-à-vis de l'Église, investi sur elle de droits tellement absurdes et dérisoires, qu'il ne se sent plus le courage de les faire valoir, astreint d'autre part à des obligations que la conscience publique réprouve, et dont il n'ose pas se débarrasser.

Or, l'État n'a pas les pri-

viléges de l'Église. Il n'est
pas, comme elle, « établi par
Dieu juge de la morale et de
la justice. » Il est condamné
à la morale de tout le monde,
à la notion vulgaire d'un
seul poids et d'une seule
mesure en justice, et ne peut
pas sortir honorablement de
cette triple alternative :

Ou fermer les yeux de
parti pris sur toutes les
infractions au Concordat ;

Ou les réprimer toutes,
sans acception de rang ni de
personne.

Ou enfin, ce qui serait le meilleur, et de beaucoup, annuler dans les règles un contrat qu'on lui a dénoncé, et qui n'est plus évidemment de service.

Tous ceux qui prennent au sérieux les choses de la religion devraient pourtant regarder autour d'eux et se demander ce qu'elles sont devenues en ce pays, grâce à cette omnipotence des pouvoirs d'en haut, qui a fait de notre clergé, pour lâcher le dernier mot de toute l'affaire, une grande machine électorale qu'on dirige de Rome comme on veut. Il en est arrivé que, depuis le suffrage universel, toutes les ambitions ont eu chez nous à compter avec Rome, et le marché demeure ouvert encore à cette heure. De là, ce redoublement d'insolence qui ne devrait étonner personne. Rome fait ses conditions d'avance à qui voudra d'elle : c'est à prendre ou à laisser. On ne demandera pas mieux que de prendre ; elle le sait bien : les prétendants n'y regardent pas de si près.

Avis à ceux qui tiennent la poêle, et auxquels je n'oserais trop dicter ici la marche à suivre, n'ayant pas la prétention de savoir au juste par où elle pourrait leur tourner dans la main !

Soutane dont le Concordat a fait un gibier de prison, soutane criminelle en France, innocente en Belgique, soutane désormais historique de l'abbé Junqua, dicte-leur toi-même ce qu'ils ont à faire !

Tu es aujourd'hui ce que tu étais hier : ce ne serait pas persécuter l'Église que cesser de le persécuter.

FIN

Magny. — Imp. O. Petit.

LES IDÉES

DE

JEAN-FRANÇOIS

IV

LA VÉRITÉ DU SUFFRAGE UNIVERSEL

AVANT, PENDANT ET APRÈS

Par JEAN MACÉ

PARIS

EMMANUEL VAUCHEZ, ÉDITEUR

175, rue St-Honoré, 175

1872

Contraste insuffisant

NF Z 43-120-14

www.ingramcontent.com/pod-product-compliance
Lightning Source LLC
Chambersburg PA
CBHW070942280326
41934CB00009B/1976